SCHIRMER'S LIBRARY
OF MUSICAL CLASSICS

Vol. 439

JOHANNES BRAHMS

Hungarian Dances

Piano, 4 Hands

IN TWO BOOKS

Book 1 (Nos. 1-10) — Library Vol. 257

► Book 2 (Nos. 11-20) — Library Vol. 439

G. SCHIRMER, Inc.

DISTRIBUTED BY

HAL•LEONARD®
CORPORATION

7777 W. BLUEMOUND RD. P.O. BOX 13819 MILWAUKEE, WI 53213

Hungarian Dances
BOOK II

Revised and fingered by
Wm Scharfenberg

Secondo

JOHANNES BRAHMS.

Hungarian Dances
BOOK II

Revised and fingered by
Wm Scharfenberg

JOHANNES BRAHMS

Primo

Poco Andante

11

Secondo

Primo

Secondo

Primo

Secondo

Secondo

Primo

Secondo

Primo

Secondo

Primo

Secondo

Primo

18

Secondo

Un poco Andante

14

Secondo

Allegretto grazioso

15

Secondo

Primo

Secondo

Primo

Secondo

Secondo

Secondo

Primo

Secondo

Primo

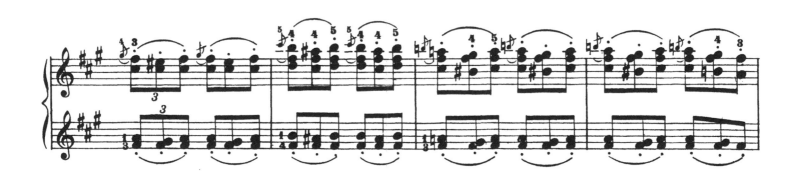

Secondo

Primo

36

Secondo

Meno Presto

Primo

Secondo

18

Primo

Secondo

Primo

Secondo

Primo

Secondo

Primo

Secondo

Primo

Secondo

Primo

Secondo

Primo

Secondo

Primo

leggiero, ma ben marcato

Secondo

Primo